LEARN TO COUNT

with the

MUNCH BUNCH

© 1981 Rourke Publications, Inc.
© 1981 Studio Publications, Ltd.

Library of Congress in Publication Data

Reed, Giles.
  Learn to count with the Munch Bunch.

  Summary: The members of the Munch Bunch visit a fair and enjoy games and rides using the numbers one to twenty.
    1. Counting—Juvenile literature. [1. Counting.
2. Fairs—Pictorial works] I. Mitson, Angela, ill.
II. Title.
QA113.R43   1981   513'.2   81-12045
ISBN 0-86625-076-X   AACR2

Rourke Publications, Inc.
Windermere, FL   32786

1 one

2 two

3 three

4 four

5 five

6 six

7 seven

8 eight

9 nine

10 ten

TOM TOMATO'S HOT DOGS

11 eleven

12 twelve

13 thirteen

14 fourteen

15 fifteen

16 sixteen

17 seventeen

18 eighteen

19 nineteen

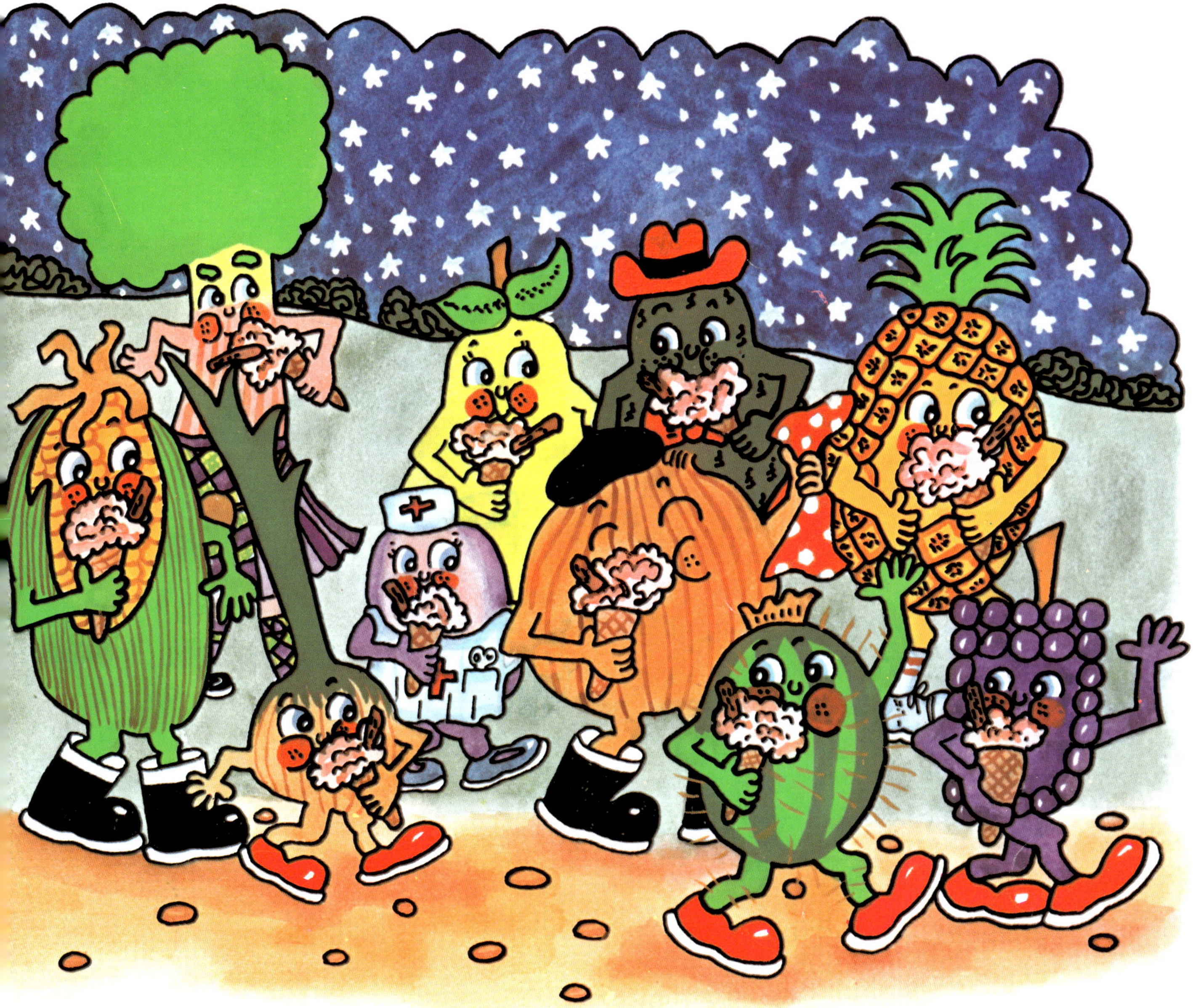

20 twenty

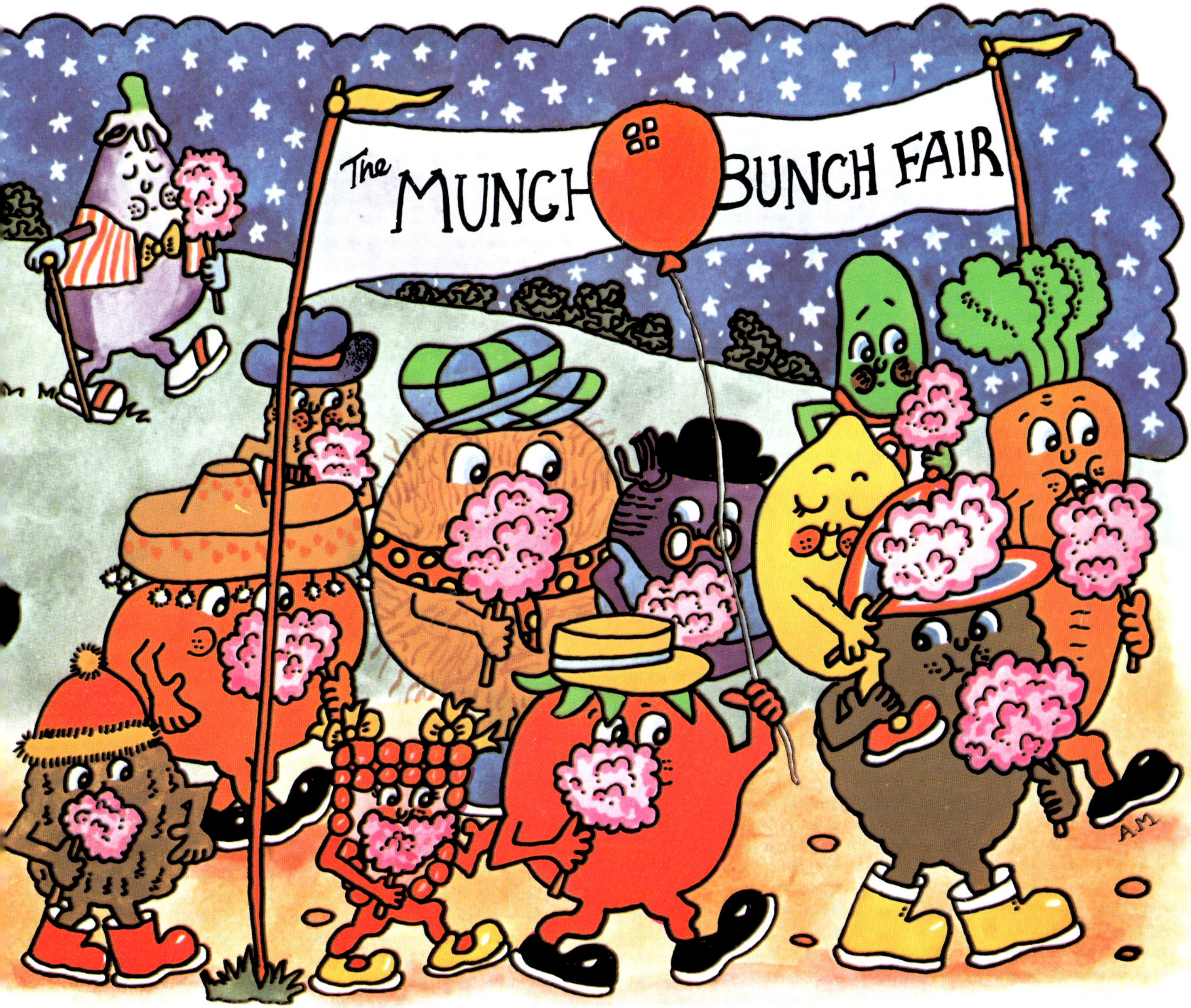
The MUNCH BUNCH FAIR
A.M.

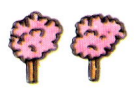

1 one	**2** two	**3** three	**4** four
5 five	**6** six	**7** seven	**8** eight
9 nine	**10** ten	**11** eleven	**12** twelve
13 thirteen	**14** fourteen	**15** fifteen	**16** sixteen
17 seventeen	**18** eighteen	**19** nineteen	**20** twenty